POUÈMO PROUVENÇAU

DÓU MEME AUTOUR :

Pouèmo pèr vuei (autoedicioun, 2018)

Michel MIAILLE

POUÈMO PROUVENÇAU

Michel MIAILLE, éditeur

©Michel MIAILLE, éditeur, 2019
michel.miaille@orange.fr
ISBN : 979-10-91164-64-1
« Le code de la propriété intellectuelle interdit les copies ou reproduc-tions destinées à une utilisation collective. Toute représentation ou re-production intégrale ou partielle faite par quelque procédé que ce soit, sans le consentement de l'auteur ou de ses ayant cause, est illicite etconstitue une contrefaçon, aux termes des articles L.335-2 et suivants du code de la propriété intellectuelle

AVANS-PREPAUS

Lou tèms s'envai e nous adus un mounde nouvèu, un mounde ounte se parlarié qu'uno souleto lengo presto à faire lou tour de la terro. Acò sarié bèn prati pèr lis afaire, lis afaire de dardeno, acò parlo soulet. Plus besoun de se carcina pèr escriéure vo pèr parla. Plus besoun de revira uno lengo dins uno autro, plus ges d'ouro à chifra sus un biais d'escrièure.

Alor perqué garda uno lengo que gaire praticon vuèi, uno lengo dóu passat, la lengo de nòsti rèire. Justamen, aquelo lengo, la lengo prouvençalo fai partido aro de noste patrimòni e tóuti devèn tout faire pèr la counserva. Ansin nòsti felen poudran pas dire : « L'avès leissado s'esvali à chapau dins lou courènt d'un autre siècle, èi bèn de vosto fauto. ».

Alor, chacun dins soun caire, se pouden faire quaucaren pèr elo, pèr la manteni dins la vido vidanto, dins lis art, dins l'escrituro, à chasco óucasioun que se presento, esiten pas : n'en vai de soun aveni en meme tèms que l'aveni de nòsti regioun, de noste terradou, de tout ço que fai nosto espicificita dins la grando bourroulo moundialo.

Ansin, ai assaja, à moun tour, de participa, forço moudestamen, à sa mantenènço, en escrivènt quàuqui pichòti pouësìo souto la formo de vers blanc que charron de noste mounde de vuei. Espere just que saupran vous agrada e vous baiaran envèjo, e d'acò n'en siéu segur, de faire parrié, pèr voste plesi, lou nostre. D'avanço, vous gramacìo e vous dis à bèn lèu, elo...nosto bello lengo prouvençalo.

7

Enfin aurai une pensado touto particuliero pèr dono Ano Laberinto qu'a bèn vougu tourna legi mi pichot tèste e courreigi mi fauto, m'adusènt ansin uno ajudo preciouso. Que n'en fugue aqui gramaciado.

Michel Miaille

En tóuti 'quéli que la fan viéure
Dins lis oustau, dins lis escolo, li coulège e li licèu
Sus li pountin di teatro e dins li pastouralo
Dins li cansoun, li libre vo que que siegue,
Elo nosto bello lengo prouvençalo

À LA FIERO DI LIBRE

À la fiero di libre i'a un fube de mounde,
De gènt de touto meno amé d'èr furetaire,
Vengu qui pèr trouba l'obro estraourdinàri,
Just aquelo que manco à sa biblioutèco.

Cerco que cercaras, soun escoundu aqui,
Aquéli poulit mot que couron dins ta tèsto
E que te rapèlon tant de ti souveni,
Toun bèu tèms d'escoulan e ti jour de leituro.

I'a lis estudian e quàuqui proufessour,
De gènt d'à passa tèms, de vièi e de jouvènt,
Aquéli dóu païs amé lis estrangié,
Enfin l'avès coumprés, tóuti d'apassiouna.

Un cerco de rouman, un autre de revisto,
Lou libre à bon marcat, just quàuquis éuros,
L'óubrage incouneigu que costo uno fortuno,
Aquéu que chascun vóu segound soun bon plesi.

I'a lou grand festenau de tiatre aqui,
Amé si vacancié, sis eternau touristo,
Li nouvèu d'aqueste an,' quéli de l'an passa,
Aquéli que vènon que que fugue lou tèms.

E pièi dins tout acò i'a un vièi darnagas
Que fai roula sis iue tout au mitan di pajo
E 'quéu vièi darnagas, belèu que l'avès vist,
Es just iéu tout soulet amé mi coumpan libre.

À LA PESCO

Un jour de grand soulèu partiguère à la pesco,
Quauco part eilabas vers li verdi ribiero
Ounte i'a tant de mounde i bèu jour de printèms,
Quouro li bràvi gènt vènon s'óussigena.

Subran 'cò bolegùe au mitan dóu courrènt ;
Tirère d'un soul cop pensant à la fricasso
Mai i'avié qu'un soulié pendoula tout au bout
Que risié coume un nèsci amé soun èr bèstias.

Lou remandère à l'aigo au bout d'uno minuto,
Ié disènt d'ana vèire ço que i'avié pus liuen.
Demandè pas soun rèsto e partiguè subran
Rejougne sis ami, d'àutri marrit soulié.

Countinuière pièi de pesca plan-planet
E veguère subran ma ligno boulega.
Alor iéu, encanta d'aganta quaucarèn,
Tirère e sourtiguère uno braio estrassado.

En forço rigoulant aquelo me diguè :
Se vos de bèus abis, t'abiha pèr pas rèn,
I'a qui dedins moun founs tout ço que te pleira
Perqué aro mis aigo an l'èr d'un bourdihié.

Pièi prenguère un bidoun que venié dre di vigno,
Mounte se poudié vèire uno tèsto de mort ;
Éu s'esboufè de rire e se garcè de iéu
En me parlant de tout ço qu'avié fa peta.

Repartiguère alor vers la vilo ensourdido,
Vers si super-marcat e si marchand de pèis,
Amé si grand bèu-bèu e sis èr de dous èr
Que guinchon la pratico au fiéu dóu tèms que passo.

Vous dirai simplamen qu'ai just pantaia
Dins uno negro niue perqué s'èi jamai vist,
Sus nosto bello terro, de marrit bourdihié
Escoundu dins lou founs di poulìdi ribiero.

À l'OUSTAU DI PANTAI

À l'oustau di pantai i'a un mouloun de gènt,
Bràvi gènt que refan l'aveni e si jour,
Toujour un pau plus bèu quand la vido fai fèsto
Amé forço soulèu, amé forço bonur.

D'en proumié i'a un drole que voudrié tout chanja :
Lou camin dis estello e lou cous di planeto,
Lis ome de toujour, ço que i'a dins sa tèsto,
Lou jour, li negri niue e la marcho dóu tèms.

I'a tambèn à coustat la chato de vint an,
Lou cor destimbourla, l'esperit dins li nivo,
Esperant que l'amour vendra deman matin
S'istala pèr toujour dins sa poulido vido.

I'a un grand pensadou que fai que carcula,
Que basti niue e jour de castèu en Espagno
Pèr soun païs à n-éu, la terro touto entiero,
Lis enfant de deman, touto l'umanita.

Un autre s'imajino èstre un jour lou plus bèu,
De gagna au lotò e d'empourta lou grèu,
D'èstre belèu l'artisto enveja d'en pertout,
Lou champioun dóu baloun, lou proumié de la classo.

Alor en li vesènt un pau tóuti li jour,
Me dise un cop de mai au founs de mi pensado,
Mau-grat lou tèms que cour e la rodo que viro,
I'aura toujour de mounde à l'oustau di pantai.

À PASSA TEMS

Lou mounde anavo bèn dins li jour esvali.
Tout èro forço miés dins la vido dis ome ;
Lou bonur èro aqui dins lou païs de Franço,
Tout èro forço miés i mes d'à passa tèms.

Lou mounde èro pus siau dóu tèms de nòsti rèire ;
Li gènt courrien pas tant coume aquéli fadòli,
Un cop dins li carriero, un autre sus li routo.
Tout èro forço miés is an d'à passa tèms.

Tout èro forço miés, acò l'avès coumprés,
Lis an, lou cèu, li flour, li drole amé li chato,
Mai quand dounc èro acò, poudès-ti me lou dire.
Èro aièr, de segur, i bèu jour enana.

Vièi couiounas que siés, lis as-ti óublida
Quéli trin pèr Auschwitz e lou Camin di Damo,
Li bihet pèr l'Infèr e lou raciounamen
E li letro anounimo au cor de toun vilage.

Lis as-ti óublida, li marrit cuerbe-fio,
Lou tèms d'óucupacioun e tóuti li trencado,
Toun vesin d'à coustat e si denounciacioun
E ti pàuri pichot que crèbavon de fam.

E dès-e vue cènt setanto, au tèms d'uno autro guerro,
E li tèsto coupado à la revoulucioun,
Lis as-ti óublida li guerro de cènt an,
E lou vièi marridige e soun triste camin.

Noun, noun, lou crese pas qu'èi simplamen de vuei,
Lou marrit tèms que cour dins noste paure mounde.
A fa soun trau segur despièi li proumié jour,
Despièi qu'un èsse uman n'en rescountrè un autre.

AU MES DE JULIET

Au bèu mes de juliet, la calour s'en revèn
Coume aquéli touristo amé si braio courto,
Li marchand de glaço e li quiéu dedins la mar,
Tout aquéu brave mounde is èr de vacancié.

Alor un cop de mai me dise dins ma tèsto :
Un an vèn de passa despièi lou darrié cop
La terro a fa de tour, de tour e de destour,
E tout a bèn chanja e tout èi bèn parié.

La calour de l'estiéu que fai que ço que vóu
Li cigalo d'infèr que canton sènso arrèst,
Li séuvo que brulon un tros de la journado,
Tout acò èi aqui coume à l'acoustumado.

L'estiéu èi en coungousto e canto sa cansoun ;
Li blanc festivalié couron li festenau ;
Li bràvis estrangié fan de foutografio
Pèr empli plen à ras soun sa de souveni.

Li pacan dóu païs vènon vèndre si liéume,
Li marchand d'ilusioun vèndon quàuqui pantai
E lou soulèu soulet se ris de tout acò,
Dedins lou grand cèu blu ounte i'a ges de nivo.

Alor lou tèms s'escapo e vai vèire pus liuen,
Pensant en d'àutri mounde e en d'àutris annado,
Quouro, au mes de juliet, la calour s'en revèn,
Adusènt li touristo amé si braio courto.

BELLO MAR DIS IUE BLU

Bello mar dis iue blu, venes amé toun cant
Que cour sus ma planeto, despièi la niue di tèms,
D'un eternau refrin, uno vièio musico
Qu'a travessa lou mounde de dela li sesoun.

Quau saup tout ço qu'as vist, dins de milié de siècle,
D'aquéu gros bestiaras que bramè sus ti ribo
Enjusco is vièis uman dis annado dos milo
Que garçon dins toun cors si touno de mazout.

Pense qu'as entendu li gròssi canounado
Di coursàri di rei que courien tout de l'an
Pèr piha li navire e campa si tresor
Rauba d'en pau pertout dins de terro estrangiero.

E iéu, pauro animau dins l'inmènse troupèu
Ounte se charpinon lis bestiàris uman,
Vene te saluda dins la béuta d'un jour
Quouro vèn d'espeli toun ami lou soulèu.

Pièi vous vese tóuti passa la vido ensèn,
Tu la mar beluganto e tu l'astre lusènt
E vous lis aubre verd i coulour de l'estiéu,
En cantant tout de long la vido de toustèms.

E pièi tu bello mar me fas uno clignado
E me dises tout bas : regardo un pau lou mounde
Que te dis chasque jour : proufito de la vido,
Di presènt que donon li fiéu de la naturo.

Alor iéu, plan-planet, m'en vau vèire pus liuen,
Quau saup vers d'àutri mar espandissènt sis aigo
À l'autre bout dóu mounde o bèn dins mi pantaï,
Ié disènt : gramaci bello mar dis iue blu.

BRAVE PICHOT CHIN

Tu, brave pichot chin dis iue plen de tendresso,
Venes pèr li lipa mi gauto touto fresco,
Coume un bon cadelas sènso rèire-pensado,
Amant tout simplamen tout ço que ié fai gau.

Amé toun poulit mourre fas bèn plesi de vèire
E, d'acò siéu segur, se sian recouneigu ;
Aro, tout à n-un-cop, lipo que liparas
E lou mounde souris en nous vesènt ensèn.

Perqué, tu brave chin, siés pas coume li gènt
Que te fan de bèu-bèu amé soun bèu parla
En escoundènt pamens si marrit coutelas
Escoundu quauco part darrié sa bello esquino.

Alor si poutounado e tóuti sis esbord
Fau se n'en mesfisa coume d'aquéli serp
Amé sis iue crudèu que sabon pivela
Aquéli pàuri rato au prefouns de si las.

Alor moun pichot chin, ti poutoun bavarous
A iéu m'agradon forço e quàsi ausariéu
T'en faire li parié mai tant de bràvi gènt
Me prendrien pèr un porc forço mau abali.

Alor siéu bèn countent de caressa toun mourre,
Just quàuqui minuto avans d'ana pus liuen,
Au mitan dóu troupèu di bestiàris uman
Qu'amon bèn lipeja ço que póu ié servi.

Alor simplamen vuei dins aqueste bèu jour,
Sas me faire óublida lou marrit tèms que cour
E pèr tout acò, iéu, te dise gramaci,
Tu brave pichot chin dis iue plen de tendresso.

DEMAN LA FIN DÓU MOUNDE

Deman sara la fin de noste paure mounde,
La fin d'aquéu soulèu que dardaio lou jour,
De la bello mar bluio e dis aubre tout verd
E de nòsti journado emplido de bonur.

Deman sara la fin de tóuti li plesi,
Di gràndi court d'escolo e de sis escoulan,
La fin di vilajoun e dis inmenso vilo
Amé si tarabast e si niue escleirado.

Deman sara la fin d'aquéu bonur dis ome
Amé si galejado o si negris imour.
Lou cèu sara tout negre e li font saran vuejo
E nautre auren plus que nostis iue pèr ploura.

Èi ço que dis lou filme amé si catastrofo,
Si curaire d'oustau e si bèsti sóuvajo.
Lou mounde de deman rèn que d'ié perpensa
Fai pòu i bràvi gènt dessus touto la terro.

La vido cantara lou cant dóu marridige ;
Èi escri dins lou Libre ; sara la fin di tèms.
Res saup lou jour precis mai dequé póu nous faire,
Lou mounde de toujour nous refai sa cansoun.

Acò èi qu'un pantai ; quouro lou jour se lèvo
E quouro lou soulèu dis bonjour à la vido,
Proufichan de la vido e de si bòni causo,
Viven dounc vuei pèr vuei e fuguen óutimiste.

DINS LA NIUE DE L'AVUGLE

Dins la niue de l'avugle, i'a un fube de mounde,
Un moulounas de gènt que fan que passeja,
Un pichot tour aqui, un bestour eilabas,
Sus de negre camin sènso nivo o soulèu.

Mai éu li vèi jamai, dins sa niue eternalo
Mounte tant de coulour caro i cor dis uman
Mostron jamai soun mourre e si poulit trelus,
Dins li cèu blu d'azur, li plueio de toustèms.

Pièi subran lou silènci amé si grand trevant
Revèn lou visita amé si blanc lançou
Ounte passon de voues d'un biais un pau furtiéu
Amé de tarabast o de bèu mot d'amour.

Alor éu counèis tout dóu bèu parla dis ome
Tóuti si rounguignado e si crid de bestiàri,
Si mot tout de magagno e si marrit bèu-bèu,
Tout de long di journado e di mes que s'envan.

Dins soun cor soulitàri, pamens remarco tout
E n'en pense pas mens, l'ome à la cano blanco ;
Sauprié bèn n'en parla de la rodo que viro
Perqué lou mounde èi grand dins la niue de l'avugle.

DINS LOU PARGUE À COUSTAT

Dins lou pargue à coustat i'a dous bèu calignaire :
E de poutoun n'en vos, n'en vaqui un mouloun ;
La serado, si bè, segur qu'ié faran mau
Mai se n'en garçon bèn : èi l'amour que coumando.

I'a tambèn dous pijoun à coustat de la font
Que se fan de calin sènso pensa i gènt
Que passon plan-planet au recès dóu soulèu,
Proufichant dóu bèu tèms, de la verdo naturo.

Quàuqui mètre plus liuen, quatre pichot jogon
Amé dous batèu que vogon dessus la font,
Sus 'quelo inmenso mar ounte i'a de canard
Travessant tèms en tèms 'questo ilo dins la vilo.

Meme lis aubre verd se fan de grand sourire
E si branco afielado carèsson d'àutri branco.
Belèu meme charron, quau saup, dóu tèms que fai,
Dóu mounde, de la plueìo e di gènt que passon.

Fin-finalo, fai bèu e li grand nivo blanc
Regardon 'cò d'en aut, urous coume lou mounde,
Coume quand lou cèu blu éu tambèn fai riseto
Dins l'eternalo fèsto bèn liuen di tarabast.

Alor iéu, tout soulet, avans de m'enana,
Regarde tant que pode un poulit espetacle
En disènt gramàci à la fauno, à la floro,
À l'aigo, i calignaire, à la vido que ris.

FARDAGE

La chato vèn de s'istala,
Souleto davans soun mirau
E plan-plan se poumpouno mai,
Coume lou fai forço souvènt.

Un cop de negre, un cop de rouge,
Un cop de negre pèr lis iue,
Un cop de rouge sus si labro,
Segur n'i'aura pèr un moumen.

Alor subran la vese encaro
S'avança 'mé si quatro pato,
Parriero à n-uno catouneto
Que coumençarié de marcha.

Pièi l'entende plourineja
Tout de long dis anciani niue
Quand devian subran nous leva
Pèr ié douna soun beberoun.

E vese si poulit caié,
Li proumié mot que s'en venien
E soun escrituro d'enfant
Amé de creioun de coulour.

Alor sèmblo, tout à n-un-cop,
Qu'acò dato de mai d'un siècle,
Qu'acò dato de i'a milo an,
Dóu tèms beni d'à passa tèms.

Alor, subran, me sente vièi
En pensant i jour enana,
Dóu tèms que, davans soun mirau,
Ma chato se fardo lou mourre.

LA GLÈISO

D'en proumié i'a un pichotet
Qu'es en trin d'èstre bateja ;
Se demando ço que 'i'arribo
E saup pas trop se vai ploura.

Subran belèu vai rounguigna,
De senti d'aigo sus sa tèsto
Pamens a l'èr d'èstre countènt
E fai quàuqui riseto en tóuti,

Pièi se vèi un parèu de nòvi
Amé sis ami, si famiho ;
Tóuti an soun plus bèu sourire
Dins aqueste jour de bonur.

I'a de pichot e i'a de vièi,
Un foutougrafe e de cantaire,
Lou brave mounde que passejo
E li badaire de toustèms,

Pièi vèn un càrri mourtuàri
Carrejant sa caisso di mort
Dóu tèms que l'óudour de l'encens
Vai veni faire sa vièio obro.

D'ome vènon dire adessias
À soun coumpan di tèms passa
Quand aro plus rèn lo desrenjo
Dins l'eternita dóu silènci,

Alor subran la glèiso penso
Au camin que prènon li gènt,
À-n-aquesto eternalo routo
Que ié dison just la vido.

LA PICHOTO LENGO

Un bèu jour que me proumenavo,
Quauco part à coustat d'un bos,
Veguère, au bord d'un grand vallat,
Quaucarèn que me fasié signe.

Alor, plan-planet, m'aprouchère
E tout à n-un-cop la veguère,
Elo aquelo pichoto lengo
Que regardavo lou soulèu.

Quau siés e dequé fas aqui,
Pichoto lengo incouneigudo
Amé toun acènt roucaious
E d'abord coume te dison ?

Li gènt me dison prouvençau
Dins li campagno vo li vilage
E meme dins li gràndi vilo
Barrado dins si soulitudo.

Pièi sian devengu dous ami
Coume se s'erian couneigu
Despièi de tèms, despièi toujour,
Coume de coulègo d'enfanço.

E pèr rèn au mounde voudriéu
Un jour en èstre separa
Perqué pode bèn vous lou dire,
Vuei, entre nautre, l'ame forço,

L'ame forço despièi de tèms,
Ma coumpagno de tant de jour
Aquelo bello lengo nostro
Que ié dison lou prouvençau.

LA SECARESSO

L'Amenistracioun l'a bèn di :
Fai forço caud pèr la sesoun.
Anèn devé nous redeima,
Espargna l'aigo de la terro.

Anan s'arrèsta d'arousa
Tóuti li jardin e li flour
Just pèr quàuqui tèms segur
Avans lou retour de la plueio.

Mai subran me vèn uno idèio
E pense en d'àutri secaresso,
Aquéli qu'an fa soun grand nis
Dins li testarasso dis ome.

Aquéli que fan espeli
De guerro dins lou mounde entié
E que fan toumba plen de sòu
Dins li pocho de quàuquis-un.

E i'a tambèn la secaresso
Dins li cor de quàuqui banquié,
Dins li cor di poulitician
Que recercon sis intéres.

Alor subran me lou demande :
Entre 'quéli dos secaresso,
Qunto sarié la plus marrido,
Qunto sarié la plus malino ?

Tè, vous lou laisse devina
E n'en reparlaren un jour ;
Pèr vuei sian à la secaresso,
L'Amenistracioun l'a bèn di.

LAVADOU E FONT

Avès couneigu d'àutre siecle,
Lis annado d'à passa tèms
Dins d'epoco que sèmblon aro
Sourtido de carto poustalo.

Avès vist tant de bugadiero
Charrant souto lou cèu d'estiéu
O la marrido fre d'ivèr,
Travaiant sènso recala.

Avès vist passa tant de mounde
Souto li plaço di vilage
Ounte li bràvi gènt venien
Recerca un pau de fresquiero.

Pourrias n'en dire e tourna dire
Sus aquéli causo entendudo
Dins li jour que coumençavon
O li serado que venien.

Sauprias de segur nous parla
De tóutis aquéli bestiàri
Que venien béure vòstis aigo
E qu'aro soun dispareigu.

Quau saup, tèms-en-temps, dins lou vènt,
Entendès li voues enanado
De tout ço qu'a viscu un jour
E que la vido a remplaça.

Tè, escoutas tout à-n-un cop,
Lis entendès-ti pas canta
Li gènt que vous an tant ama
Vous, nòsti font e lavadou ?

L'ESPETACLE VÈN DE FINI

L'espetacle vèn de feni
E li cantaire van parti
Vers d'àutri rode un pau plus liuen
Ounte lou publi lis espèro.

Lis istrumen soun bèn ranja
E li lume soun amoussa.
La niue vai reprendre si dre
Amé soun silènci tout negre.

Li man an fini de pica,
Aro chascun s'envai au siéu
Retrouba soun oustau, sa vido,
Après li moumen de pantai.

D'ùni cantourlejon encaro
Li darrié sucès entendu
Just avans de li metre ensèn
Dins lou grand sa di souveni.

Deman, dins un autre vilage,
La fèsto ressuscitara
Amé li meme musicaire
O lis artisto de toustèms.

Mai pèr aro, pèr lou moumen,
Lis estello dins lou cèu blu
Dison i bràvi gènt sus terro :
L'espetacle vèn de feni.

L'ESTIÉU DESSUS LA COLO

Sus la pichoto colo au-dessus de la vilo
I'a d'aubre toujour verd mau-grat la calourasso.
Tèms en tèms, un pau d'aigo espandis sa frescour
Pèr li gènt, li bestiàri escracha de soulèu.

Fau lou dire : d'abord i'a quàuquis auceloun
Mai tambèn de cigalo adusènt sa cansoun,
Sa poulido cançoun qu'encigalo li gènt
Amé si grand cri-cri e son cant de l'estiéu.

En regardant en l'èr d'un bel èr atentiéu,
Se póu vèire tambèn de poulits esquiròu
Amé si coulour roujo e si co en rampau,
Sautant d'un aubre à l'autre amé d'èr gracious.

I'a tambèn un castèu aqui despièi de siècle,
Desmouli pèr lou tèms, desmouli pèr li gènt,
E si vièii muraio an óublida soun age,
Despièi lou proumier ome, acò fai bèn de tèms.

Tout en bas, lou tiatre evouco lou passat
De tóuti li cantaire un jour vengu aqui
Amé sis oupera, si quitarro eleitrico,
Sis eternaus atour, si noumbrous espetacle.

I'a lis abitua, aquéli que vènon
Dóu bout d'aqueste mounde o d'uno autro planeto,
Duerbant de grands iue davans tant de grandour,
Davans ço qu'an basti li rèire dis uman.

Bado que badaras davans nosto naturo,
Davans lou bèu travai dis ome de toustèms.
Aqui se póu trouba lou presènt, lou passat,
E legi sènso libro l'aventuro de l'ome.

Alor subran, ensèn, tóuti li vièi caiau,
Lis aubre amé li bèsti, canton 'questo cansoun
De la vido eternalo e di jour que s'envan
Sus la pichoto colo au-dessus de la vilo.

LI BARBELA

À la televisioun i'a un fube d'imajo,
De gènt que desfilon eilabas forço liuen
Dins aquéste païs quauco part en Africo
Ounte li bràvi gènt fan sa revoulucioun.

I'a de gròssi muraio amé de barbela,
De barbela au sòu emai dedins li tèsto,
De lourd carris arma amé d'iue d'en pertout
E la pòu que s'envai courre dins li carriero.

Un marrit ditatour barra dins soun palais
Se vóu pas desmama d'un passat escoundu
E se demando bèn quau vai lou sousteni
Encaro quàuqui jour, belèu quàuquis annado.

Alou lou mounde entié regardo en carculant
Un sistème passi qu'èi à la desbaussado
E se remembro alor plen de vièi souveni,
Quouro li gouvernant èron pamens d'ami.

Amé lou tèms que cour, un ome ancian s'envai
E laisso pèr carriero un tas de vièio póusso,
Eilas tambèn li mort qu'an paga lou pres fort
Dins aquel univers tout empli d'injustiço.

Lou mounde entié pamens countùnio sa vido
Dou tèms que se póu vèire à la televisioun
De gènt dins li carriero amé li chanjamen
Que belèu adurran lis annado à veni.

LI DOUS CAT

Davans moun oustau i'a dous marrit cat
Que se regardon lis iue atacaire
En poussant de cri de bèsti feroujo,
Preste à se manda quàuqui cop de dènt.

Just un pau plus liuen, i'a dous gros chinas
Preste à se pica coume de sóuvaje
Quouro chascun crèis èstre lou pus fort
E que vóu moustra sa forço à l'autre.

I'a meme dos mousco aqui à l'entour ;
Voulon d'en pertout e fan de voun -voun
Dins lou founs de l'ér brulant de l'estiéu,
Davans lou soulèu amé si grands iue.

Dins uno carriero i'a dous grand couioun
Que se charpinon sabon pas perqué,
Quau saup pèr pas rèn, pèr passa lou tèms,
M'an tout l'èr sadou coume de pourcas.

Meme li chivau dins lou prat d'en-bas
Sèmblon de matin de marrido imour ;
Chascun vóu pèr éu quàuqui moussèu d'erbo,
Li plus bèu segur e li mai goustous.

Alor iéu, soulet dins 'questo journado,
Regarde li gènt, li gènt e li bèsti,
Sorte moun mirau e subran zóu mai
Se disen de mot coume de bacèu.

LI JOUINE AMÉ LI VIÈI

Lis un cavalon un pau coume de chivau foui
Au despart de la vido e sènso carcula,
Creisènt èstre li mèstre e pousqué tout chanja
Dins 'queste paure mounde i marrit tarabast.

Soun tèms coumènço just au sourti de l'enfanço ;
Subran li vaqui preste amé d'èr afouga
À courre li camin tout autour de la terro,
À travessa li mar pèr d'àutri countinent.

Lis autre an fa soun tèms, lis esquino giblado,
Carrejant soun saquet empli de souveni,
Mandant si pàuris iue vers un passat liuenchen,
Lis annado d'escolo e lou proumier amour.

Ah ! s'avien tout sachu, aurien fa coume acò !
Noun pulèu coume acò o quau saup coume acò,
Mai soun pamens countènt d'èstre toujour aqui
Meme si quàuqui fes penson à la gusasso.

Alor lou mounde viro au fiéu dis un dis autre
Amé si jour tout negre e si jour de bonur ;
D'ùni volon tout faire en esperant soun tour
E d'autre se dison que tout vai bèn trop vite.

Èi pamens bèn ansin, ansin despièi toujour,
Pèr partaja lou pan, lou vin, tout lou sanclame,
Dou tèms que tóuti van sus la planeto terro,
Li jouine amé li vièi dins li vidasso siéuno.

LI LOUP

Parèis que lis an vist courre dedins li bos,
Quauco part eilabas, dins li gràndi mountagno,
Dins nòsti bouscarasso i coulour de negruro
Qu'un marrit cèu d'infèr curbis de soun mantèu.

Parèis que soun vengu, amé si cro de ferre
E si grands iue crudèu que toujour petèjon
E fan coume de fiò dins la frejour di niue,
Li loup d'à passa tèms qu'an manja tant d'avé.

N'i a que lis aurien vist dansa coume de diable
O brama vers li nivo dessouto nosto luno,
Avans d'ana manja lou paure fedelan.
N'i'a meme que dison que lis an mes esprès.

Li loup soun escoundu, dins d'endré óublida,
Dins lis caire secrèt di séuvo de Bousnìo
O dedins li ciéuta di terrado éuroupènco,
Barrulant tout lou jour dins li negri carriero.

Sabon se trasfourma, segound li circoustànci,
Amé si bèu sourire, amé si bèu parla,
Un cop moussu Jekil, un autre moussu Hyde,
Sourtant si gràndi dènt quand s'en vèn lou moumen.

Faudra faire mèfi e bèn durbi lis iue,
Perqué chascun lou dis que soun mai revengu,
Li loup d'à passa tèms, li loup d'un pau pertout,
Quau saup tout simplamen, li loup jamai parti.

LI VIAJE DINS LI LIBRE

N'ai fa coume n'ai fa de viaje dins li libre,
Un cop dins la grand vilo, un autre dins li colo,
En escoutant la vido amé si poulit cant,
Dessouto lou cèu blu e si bèllis imajo.

Ai rescountra de gènt un pau de touto meno
Dins nosto vièio Europo amé si pople ancian
Tambèn dins l'Americo i ciéuta grandarasso,
Dins sis inmensita coume à perdo de visto.

A couneigu l'istòri di plus grand rèi de Franço ;
Siéu parti sus si piado amé mon bèu chivau ;
Ai vouga sus lis aigo e traversa lis èr,
Passant d'un countinent à l'isclo dins la mar.

Ai vist li grand castèu e li vièis oustalas,
Li plus grand balouard i milo tarabast,
Li bouscarasso verdo i milié de bèstiari,
Fin-finalo la vido e soun cous eternau.

Ai rescountra de prince amé si bèus abit
O li tres quart di gènt dins de vido ourdinàri,
Li femo de toustèms e li gènt que cèrcon
Ounte metre soun mourre au fiéu d'uno vidasso.

Ansin charravo un vièi après agué vira
Tant de pajo de libre e legi de rouman
Tout en aguènt passa au fiéu de tant d'annado
De jour forço poulit soulet dins soun oustau.

LI VIÈI BASTISSOUR

Avès fa de castèu, de ciéuta, de vilage
En taiant de pèiro au long de vòsti journado
Sènso vous arrèsta, coume fan li fourmigo,
À la fès mestierau e grand entre-prenèire.

Avès basti d'oustau e d'inmense palais,
Un cop pèr nòsti rèi, un autre pèr li papo,
Amé quàuquis engen pèr ajuda lis ome
Au tèms forço lunchen di proumiéri teinico.

Avès edifica li bèlli catedralo
E li tèmple barbare à l'autre bout dóu mounde,
La grando muraiasso au païs di Chinés
E de fort isoula dins lou desert tartare.

Se li caiau poudien, segur que n'en dirien
D'aquéli causo visto au resson di martèu
Dis uman escranca souto lou grand soulèu,
Dins la marrido fre amé si malautié.

E pièi nautre amiran vosto obro espetaclouso
De dela quàuqui siècle e d'epoco enanado.
Meme de cop que i'a, vòsti vièi bastimen
Se sènton grèu de l'age amé la mort que vèn.

Alor, quau saup, belèu quàuquis ome pènson,
I tèms d'à passa tèms, i tèms vist dins li libre,
En vautre qu'avès ges de grand noum dins l'Istòri,
Vautre nòstis ami, vautre li bastissour.

LIS AUCÈU SOUN ESTOUNA

Lis aucèu soun estouna
En regardant lou bèu mounde,
Quéli gènt que barrulon,
D'àutri que fan que bada.

D'en proumié i'a li touristo
Amé tout plen de fotò
Dins si aparèi, si tèsto
Pleno de curiousita.

D'ùni, acò èi segur,
Soun vengu pèr lou tiatre,
Soun festenau annau
E si pountin d'en pertout.

D'àutri rèston asseta
En chimant lou sirop fres,
Li cambo bèn istalado
Souto lou soulèu d'estiéu.

Pièi i'a quàuquis abitant,
Aquéli sènso vaçanco,
Li vièi e li retreta,
Li bràvi gènt sènso sòu.

Un voun-voun dóu tron de milo
Cour de tóuti li coustat
E la vido fai sa vido,
Lou jour, un tros de la niue.

Alor li bràvis aucèu
N'en soun plus gaire estouna ;
Couron dins tóuti lis aubre,
Charrant de ço que vèson.

Alor li pichots aucèu,
Amé lis aucèu uman,
Se partajon la ciéuta,
Un pau coume chasco annado.

LOU BARRULAIRE

A fa barrula sa carcasso
D'en pau de pertout sus la terro,
En cercant souvènt que que siegue,
Dins touto meno de païs.

A vist lou countinent d'Africo
Amé si gràndi séuvo verdo,
Li souveni de nòsti rèire,
I'a quàuqui milioun d'annado.

A fila enjusco au Japoun
Au bèu païs di matin siau
Pèr rescountra li samourai
O pulèu li bèlli geisha.

Es parti tambèn sus li piado
Di counquistadou d'Americo
Pèr rempli soun sa amé d'or
O pulèu amé de pantai.

Pièi un jour, rebufa de tout,
Decidè d'enfin s'arresta
Dins soun bèu païs de Prouvènço
Ounte l'esperavo l'enfanço.

S'un jour passa dins soun vilage,
Veirés un vièi davans sa porto
Que pren plan-planet lou soulèu
En pensant à d'ancian vouiage.

LOU BATÈU DINS LA NIUE

Lou batèu d'escoundoun s'envai dins la niue negro,
Amé si barrulaire e sis ome sans noum
Tentant de s'escapa de la tristo misero,
Sa marrido coumpagno au marrit noum de guerro.

Lou vièi batèu regounflo e trantraio sèns fin
À la cimo dis aigo amé l'èr d'un sadou
Que saup jamai d'avanco ounte lou menara
Lou destin dis uman amé si dènt crudèlo.

Chascun escound sa pòu, chascun escound soun drame,
E penso soucamen à sa vièio famiho
Mai souvent revènon tant de vièiis imajo
D'uno terro eilabas à l'autre bout dóu mounde.

Revèi si souveni, lou tèms de la jouinesso,
La guerro que dourmié au founs di grandi vilo,
Li passaire de vuei soucitous de dardeno
E lou mau escoundu tout au founs de soun trau.

Penso à si viéi parènt, l'oustau de soun enfanço,
Sis ami d'àutri tèms, li vièi campas, li vilo,
Tout ço qu'a couneigu e se redis subran :
Moun béu tèms, moun païs aro soun forço liuen.

Saup acò èi segur, que si bèu souveni
Restaran pèr toujour d'imajo dins sa tèsto
Que vendran ié canta de jamai óublida
Lis óudour, li coulour de sa terro lunchenco.

LOU BEL AGE

Assetado dins moun fautuei,
Reçaupe tóuti lis óumage
Di bràvi gènt d'aqueste oustau
Ounte vivon li retreta.

E chascun fai tout ço que póu
Pèr veni me felicita
D'aquel age bèn avança,
Dins li jour de ma vièio vido.

Tout à n-un-cop quaucun s'avanço
E me fai soun pus bèu sourire
Me disènt bon anniversàri
E fai : cènt an, qunte bel age.

Lou bel age, gros darnagas,
Èro quouro aviéu mi des an,
Dóu tèms de l'escolo primàri,
Dins li matin d'à passa tèms.

Lou bel age, grand couiounas,
Fuguè tambèn aqueste amour
Que rescountrère un jour de mai,
Quouro aviéu passa mi vint an.

Alor tu, moun coumpan uman,
Fai-me plesi e taiso-te
E me digues plus, te n'en prègue,
Que lou bel age èi à cènt an.

LOU CANTAÏRE DI CARRIÈRO

S'istalo plan-planet au bord dóu trepadou
Coume chasco semano i bèu jour de marcat,
Acordo sa quitarro, assajo lis acord
E listo si cansoun, lis uno après lis autro.

Au bout d'un moumenet a l'èr d'èstre countènt
E regardo amusa lou mounde que passejo,
Li gènt d'aquesto vilo amé sis estrangié,
Lou bèu mounde d'aqui e d'un pau d'en pertout.

Pièi se met de canta d'èr forço couneigu,
Li tout darrié sucès o d'èr tradiciounau,
Deque faire plesi en tóuti li passant,
Au mounde dis enfant, aquéu di vièi badaire.

E chascun de manda quàuqui peço d'éuro,
Just un pau de dardeno en lou gramaciant
D'aquéu poulit councert souto lou cèu tout blu,
Aquéu que fai tant gau dins li long mes d'estiéu.

E pièi chascun s'envai bada un pau plus liuen,
Retrouba si soucit amé d'àutri musico
Dóu tèms que pèr carriero un brave musicaire
Grato sus sa quitarro amé si mot tout blu.

Alor, brave cantaire au cor de nosto vilo,
Fai toun poulit mestié, fai resplandi la vido,
Dóu tèms que ti coumpan, lis ome de la terro,
Dins un marrit councert, bramon soun marridige.

LOU CAT QUE FAI DE MENGANELLO

Davans lou magasin de l'oustau d'à coustat,
I'a un bèu cataras que fai de menganello
E que fai de roun-roun i bràvi passejaire
Que vènon pèr croumpa tóuti si coumessioun.

Aquéu bel animau, de-segur, èi countènt
De sa bello videto amé lis autri cat ;
Sis iue esbrihaudon d'un poulit lume verd,
E zóu de roumieja e zóu de menganello.

E pièi li bràvi gènt vènon lou caressa
Dóu tèms qu'aquéu couquin froto soun poulit nas
I cambo di passant, i cambo dis enfant,
Quéli dis estrangié e d'un pau quau que siegue.

Alor subran me dise : un cat es coume un ome,
Uno femo, un pichot, fin-finalo un uman ;
Quéu que fai de roun-roun, que fai de menganello,
Fai mai plesi de vèire qu'aquéu que fai lou mourre.

Aquéu qu'a lou sourire e qu'a l'èr forço urous
Atirara toujour li gènt que passèjon.
Parai bèu cataras que fas de menganello
E que fas toun rounroun sus nosto vièio terro.

Iéu te dise tambèn, coume en tóuti ti fraire,
Gramàci bèn pèr tout, pèr aquéu bel eisèmple
E vosto bono imour que fan la vido bello
Pèr lis ome e li cat de noste paure mounde.

LOU CHIN PERDU

Dins un bos près de l'autorouto,
Se vèi un pauro chin perdu,
Un de mai que cerco si mèstre
E de pichot pèr s'amusa.

Quauqui touristo arrèsta 'qui
Se demandon de mounte vèn ;
Regardon sis auriho basso,
Sis iue triste e soun mourre negre.

A ges de coulas, ges de noum,
E degun auso ié demanda
De pòu subran d'ié faire pòu
Coume tant d'àutri barrulaire.

Regardo chascun tour à tour
Amé sis iue d'un èr craintiéu ;
Quau saup, quaucun voudra de iéu
Pèr m'enmena dins sa veituro.

Alor de pichot vacancié
Remarcon lou chin tout soulet
Que gingoulo, lou malurous,
Abandouna dins la naturo.

Pièi lis enfant e li parent
E meme la vièio memèi
Se sènton tóutis esmougu
Pèr la bèsti abandounado.

Lou chin près de la grando routo,
Lou chin que li gènt an perdu,
Èi countènt coume un cadelas
E lipo un pau tóuti li mourre.

Dins un bos près de l'autorouto
Se vèi un brave chin countènt,
Un chin qu'a trouva d'àutri gènt
Un pau coume d'autri coumpan.

Un pau coume un brave pichot
Qu'a retrouba uno famiho
Quand lis ome voulien plus d'éu
Sus li dur camin de la vido.

LOU FEDELAN

L'ai vist de bon matin
Lou fedelan que s'enanavo
Gagna sa vido dins l'erbage
Eilamoundaut dins lis estivo.

Marchavon à la co-dóu-loup,
Seguissènt lou pastre davans
Sènso se pausa de questioun,
Bramant coume un vièi troupelas.

Lis ai vist coume de bestiàri,
Lis uman davans sis escran,
Regardant tout ço que passavo
Au fenèstroun dóu couiounige.

Lis avès vist dessus li plajo
Brounzissènt soun quiéu au soulèu,
Rouge coume de pebrounas,
Sarra lis un contro lis autre.

Lis entendès-ti pas subran,
Dins li carriero de la terro,
Dóu tèms que plan-planet en-aut
S'envai lou brave fedelan,

Li bòni fedo que s'envan
Eilamoundaut dins li mountagno,
Souto lou troupèu dis estelo,
Liuen dou grand fedelan dis ome.

LOU GLÀRI DE L'OUSTAU DE LA NIUE

Me counèissès belèu dins 'queste poulit rode
Au coulour de l'estiéu, au coulour dóu bèn-aise,
Ounte lis estrangié passon tant de jour blu
Tre que vèn lou soulèu i jour dóu mes de mai.

Me dison lou trevant de l'oustau de la niue ;
Tóuti me redouton quouro s'envèn l'oumbriho,
Anounçant ma vengudo i vièi rèire endourmi
Que s'assèmblon 'mé iéu pèr faire tintèino.

Ame veni treva dins lis ancians oustau
Ounte se passèjon li gènt d'à passa tèms
Escranca dóu travai di terro secarouso,
Aquéli vièi pacan is esquino giblado.

Alor, vers miejo-niue, subran li gènt an pòu
De 'quéli brut bijarre que courron dins lou negre
E sonon li gendarme amé si telefoune
En cridant au volur, i curaire d'oustau.

Mai quouro s'envènon li gendarme afouga,
Entendon jamai rèn e vèson jamai res ;
Alor rigoulan fort avans que iéu reparte
Eilabas dins li colo m'escoundre dins la séuvo.

Dison que siéu un moustre que manjo li pichot,
Que raube li beloio au founs di tiradou ;
N'en cresès rèn dóu tout perqué, iéu vous lou dise,
Siéu que lou marrit glàri de l'oustau de la niue.

LOU MARCHAND DE GARROUIO

Un omenas e sa femo
Fan que de se charpina,
De se dire que que siegue,
Coume dos lengo de serp.

Dous pichot dins la carriero
Se mandon quàuqui bacèu,
D'emplastre e de cop de poung
Sènso trop saupre perqué.

Un pau plus liuen un chinas
Garço de grand cop de dènt
En d'àutri chin dóu quartié
E tout aquéu mounde japo.

Sus la plaço dóu marcat,
Dos cancaniero charron ;
Finisson pèr se manda
De pòrri dins la figuro.

Dins lou grand cèu tout en aut,
Dous nivo soun pas d'acord ;
Un voudrié vueja soun aigo,
L'autre voudrié s'esbigna.

Alor subran dise mai :
Tè ! Segur vèn de passa,
Éu lou gusas de toustèms,
Lou grand marchand de garrouio !

LOU MARRIDIGE

Tè ! vène de lou vèire aquéu marrit gusas
Amé si drole d'èr, sa tèsto de traviolo !
Risié coume un gros nèsci is iue tout de travès,
Coume un marrit bestiàri que recerco sa predo.

Ai pres un gros barroun, un bon tricas bèn long,
Pièi ai leva lou bras pèr ié pica dessus,
Ié baia fin-finalo un mouloun de bacèu
Sus soun esquino i péu tout empli de negruro.

I'ai courreigu après un tros de la journado,
L'ai persegui pertout un pau ounte que siegue ;
Meme que i'a de gènt que nous an regarda
Amé de dròli d'iue estouna de nous vèire.

Ai fa ço que poudiéu pèr enfin l'aganta,
Lou garça en gabiolo amé tant d'àutri moustre
Sourti dre dis infèr que pamens sèmblon d'ome,
Tóutis un pau parié dins aquéu paure mounde.

Eilas, s'èi escapa dins quauque endré secrèt
Pèr reveni lèu lèu deman, dins quàuqui jour ;
Pèr aro, cour toujour souto la terro entiero,
Aquéu marrit bestiàri dóu noum de marridige.

LOU PARTAGE

Chascun es asseta en faci dóu noutàri
Que aro vai legi lou darrié testamen
Qu'un vièi paire faguè pèr tóuti sis enfant
Et tóuti trapèjon en esperant si mot.

Lou noutàri legis tout ço que i'a marca
E coumenço subran de s'estrassa de rire ;
D'efèt lou vièi papié sèmblo uno galejado
Un pau coume uno peço, un moussèu de tiatre.

Aquéu que s'embarravo tout lou jour dins sa chambro
Erito, èi bèn marca, de raioun de soulèu
Pèr esclara sa vido à grand cop de travai
En plaço de reçaupre de cop de pèd au quiéu.

Soun fraire que pensavo qu'au cors dóu femelan
S'acountentara, éu, d'uno titièi en bos ;
Ansin poura agué toujour lou darrié mot
E sènso despensa si quatro marrit sòu.

La chato amé sis iue, amé si ratamiaou,
Que passavo soun tèms amé de cataras
Pèr se faire grata soun poulit tafanàri,
Vendra just bada soun tèms d'à passa tèms.

E 'cò èi pas lou tout, lou mouloun de dardeno
Que dormon dins li banco anaran i bònis obro,
Anaran ajuda li pàure de la terro,
Enfin uno pougnado coume un pichot presènt.

Alor lis eiretié, amé d'iue de bestiàri,
S'avançon plan-planet vers lou paure noutàri
E pièi garçon lou fiò à tóuti si papié,
E pièi garçon lou fiò à soun ourdinatour.

Li poumpié arriba amousson lèu lou fiò
E chascun de chifra sus ço que s'èi passa ;
Sian au mes de juliet, aro tout èi poussiblo
E, lou sabèn, tóuti li gènt soun imprudènt.

Quau saup belèu deman li journau parlaran
D'un marrit pichot fiò que partiguè aièr
E l'enqueto belèu dira lou fin dóu fin
Dins queste paure monde amé si cop d'asard.

LOU PENDOULA

À iéu qu'aviéu bèn travaia
Dins li terro de moun vilage,
Trimant souto lou grand soulèu
O dins la fresquiero d'ivèr,

À iéu me diguèron un bèu jour :
Moun paure ami siés despassa.
Èi fini lou tèms di campagno.
Aro èi vengu lou tèms di vilo.

E pièi, me diguèron tambèn
Qu'amé moun mié-siècle ère vièi,
Que deman ié disien jouinesso
E qu'ère bon pèr li ravan.

Alor, tout soulet decidère
Subran d'ana me pendoula
Au pus vièi roure dóu quartié
Que m'avié couneigu pichot.

Èis ansin que poudès me vèire
Pendoula despièi tant d'annado
À la branco d'à passa tèms
Que vous countara moun istòri.

E pièi, s'avès la vido en òdi
Dins noste siècle que debuto,
Venès vous pendoula 'mé iéu,
Li branco soun enca soulido.

LOU VERIN

Bello pichoto flour, l'as-ti senti passa,
Queste marrit verin escoundu dins la terro
Que s'istalo un pau mai dedins li prefoundour
Au fiéu dóu tèms que passo e cremo lou plantun.

Ié dison deserbant dins li jauni campagno
Que li rèire an basti à grand cop de susour,
Éli que vèson crèisse dóu founs de si toumbèu,
Li vigno e lis oustau en plaço dis erbage.

L'as senti dins toun cors, l'as senti dins toun cor,
Aquéu marrit pouisoun que cour dedins li terro
Sènso faire de brut coume uno malautié
Que s'envèn à cha pau coume uno grosso pego.

Vuei manjo ti racino e se regalo bèn,
Deman sagatara d'àutri flour, d'àutri planto,
Coume uno vièio masco, coume un marrit dragoun
Sourti d'un negre Rose i sentour de chimìo.

Pièi quand aura fini si riboto de flour,
Quand aura sagata li bèstiàri entarra,
Quouro aura fa peta li verme e lis aucèu,
S'enanara pus liuen dóu coustat dis uman.

Alor lou nouvèu moustre, lou nouvèu Frankenstein,
Sagatara si mèstre dins si doso mourtalo
E fara soun camin tout autour dóu vièi mounde
Amé tant d'àutri moustre, enfant di pàuris ome.

LA MALAUTIÉ

La sentiés bèn veni despièi quàuquis annado,
Aquelo bèstiarasso is iue de marridige,
Qu'esperavo soun ouro escoundudo dins lou clot
Dis marrìdis imour d'uno vido alassado.

Èi aqui la gusasso is èr de vièio masco ;
A fa soun marrit trau à cha pau, plan-planet,
Bestiàri sournaru que marcho sènso brut
Dins li séuvo eilabas que se podon pas vèire.

Souno pas dóu cleiroun, canto pas de cansoun ;
Èi uno malinasso qu'avanço d'escoundoun,
Calo si marrit las un pau tóuti li jour
Per pousqué derraba li branco de la vido.

La veiras pas veni au fiéu dóu tèms que cour
O pulèu la veiras quouro sara trop tard,
Quand, subran, landaras vers tóuti li grand mège
Que te diran subran : moun ami, venès tard.

Alor ti bèu bijout, ti lingot esbrihant,
Ti doular, tis éurò, ço que te fasié courre,
Poudras lis aganta pèr si lusido d'or
Pièi subran li jita à la carriero en bas.

Alor voudras lucha contro toun marrit mau
O bèn preferaras te plega, renouncia,
E pensaras subran i bèu jour benesi
Quand sabiés pas encaro qu'un jour vendrié te vèire,
Elo, la malautié.

MOUN TOUNÈU DE VIN

Quand ai descubèrt l'amista
I proumié jour d'adoulescènci
Pèr li sèr di gràndi virado
Dins lou poulit païs de Franço,
Quand moun proumier amour d'estiéu
S'enanè vèire un pau pus liuen,
Cerca un nouvèu calignaire,
Me leissant triste e malurous,
Ai vueja moun tounèu de vin.

E pièi quand me siéu marrida
Après cinq an de fiançaio,
Sènso saupre ço que i'aurié,
L'endeman de mi bèlli noço,
Quand moun proumier enfant nasquè
Coume un presènt vengu dóu cèu
Pèr nous encanta tóuti dous
Après li jour tout bèu, tout nòu,
Ai vueja moun tounèu de vin.

E quand ma femo s'enanè
Après vint an de vido ensèn
En m'abandounant tout soulet
Amé mi rancur, mi rancuro,
E pièi quouro s'en revenguè
Un jour pèr moun pus grand malur
Après sis amour deçaupu,
Lis iue en plour, lou cor maca,
Ai vueja moun tounèu de vin.

Quand li doutour me prevenguèron
Que la mort anavo arriba
Coume un gusas de vesitaire
Vengu subran pèr m'acaba

E pièi quand me restè pus rèn
En souveni de l'eisistènci
Que mi dous souls iue pèr ploura,
Davans 'queste marrit baus negre
Ai vueja moun tounèu de vin.

E pièi quouro resuscitère
E que veguère mai lou mounde
Toujour plen de soun marridige
Vira en round pèr pas grand causo,
Quand veguère li mémis ome,
Li mémi garouio bèstiasso,
Repartiguère vers moun cros
Sènso óublida de l'enmena,
Éu moun poulit tounèu de vin.

NOSTO TERRO A DE TREMOULIS

De-dela lis grands oucean,
À l'autre bout de noste mounde,
Li voulcan mostron sa coulèro
E fan vèire que soun li mèstre.

De gràndi coulouno de fum
Monton tout en aut dins lou cèu
En carrejant quàuqui diablas
Tout encarga de marridige.

Sus lou countinent de l'Africo,
S'entendon touna li canoun
Dóu tèms que li pople desfilon
Amé si jitat pèr carriero.

Un jour aqui, un jour plus liuen,
En dequé sèmblara deman ;
Li gènt reprènon sa cansoun,
Sis espèr e si decepcioun.

Mais despièi que tout acò duro,
Bonur malur se seguisson ;
Un cop de mai poudèn se dire :
Nosto terro a de tremoulis.

MA PAURO GALINO MALAUTO

Ma pauro galino malauto,
Se tu tambèn venes rena,
Quau saup ounte anaren pica,
Perque mancavo pus qu'acò.

Parèis que nous auries adu
Uno marrido malautié,
Vengudo sabèn pas de mounte,
Quau saup belèu dóu bout dóu mounde.

Auries pouscu t'acountenta
De viéure toun tèms de galino,
Cavant la terro amé ti man
À la recerco de ta vido.

Pamens te siés di, un bèu jour,
Estènt que sian que de manjaio,
Estènt que nous faran peta,
Anan ié faire uno souspresso.

Aro, tu preferes de rire
En veguènt li gènt espanta
De manja que de regardello
En plaço de ti bèlli cueisso.

Tout acò es bèn fa pèr éli,
Li gènt an pus que d'avala
De liéume fres e de tartifle
En plaço de ma bono car.

Tout ço que vene de te dire,
L'as pensa iéu n'en siéu segur,
Mai que coumpatisse à toun mau,
Ma pauro galino malauto.

PICHOT ENFANT DE L'AN DOUS MILO

Pichot enfant de l'an dous milo,
Venes lèu de durbi tis iue
Sus lou tèms nouvèu que s'en vèn
Dins tóuti sis incertitudo.

Venes sus nosto bello terro
Prendre ta plaço dins la roundo,
Vèire coume viro la rodo
D'aquéu grand moulin de la vido.

De cop que i'a, tóuti li tron
Coume de bestiàri d'infèr
Vènon sagata la naturo,
Un pau mai tóuti lis annado.

Quàuqui marrit pouisoun tout negre
Se barrulon sus la planeto
Au fiéu dis aigo, au fiéu dóu tèms,
Samenant tant de marridige.

Poudriéu te dire bèn de causo
Sus 'quéli jour d'à passa tèms,
Coulour bonur, coulour malur,
Coulour de vuei o de toustèms.

Alor dins li jour que s'envan
E pèr tout lou tèms que nous rèsto,
Te dise encaro bono chanço,
Pichot enfant de l'an dous milo.

PICHOT ESCLAPAIRE

Bèu pichot esclapaire as subran courreigu
Dins la grando ciéuta, dins lou cor de la niue,
Après agué garça lou fiò i bourdihé,
Après agué crema quàuqui bèllis auto.

As chapla tant de causo just pèr t'amusa
Dins ti moumen perdu, dins ta vido d'enuèi,
Pèr empli li journado d'un ourizoun barra
Quand l'univers entié èi à la debaussado.

Sagato, sagato tant que poudras moun bèu,
Proufito di printèms que te baio la vido,
Tanca sus ti dos cambo au tèms de ta jouinesso,
De si bèlli foulié qu'un jour te faran rire.

D'efèt lou jour vendra quouro toun paure cors
Pourra pus cavala au cor di negri niue,
Escranca pèr lou tèms, plega pèr lis annado
Ounte van s'esvali li causo enanado.

E belèu que veiras quàuqui jouine achaumi
Esclapant que que siegue, just pèr soun plesi ;
Voudras belèu brama de toun èr endigna
En óublidant subran ti niue d'à passa tèms.

Alor éli riran davans ta vièio caro
En se garçant de tu, de toun paure vieounge,
E te diran belèu de soun èr trufarèu :
Garço lou camp d'aqui paure vièi couiounas.

QUAND LOU SOULÈU SE LÈVARA

Quand lou soulèu se levara
Coume lou fai tóuti li jour,
Lou mounde aubouroura l'esquino
Pèr un autre jour de travai.

Li bràvi gènt faran soun obro
Pèr faire vira nosto terro
E chascun fara de soun miés
Pèr la faire vira bèn round.

Lou boulangié fara de pan
Pèr faire manja si coumpan,
Tóuti lis ome e li pichot
E meme li bràvi bestiàri.

D'ome passaran pèr carriero
Pèr recampa li bourdihié
E li proumié coumessiounàri
Prepararan si marchandiso.

Quàuqui cafè vendran durbi
Lèu si porto pèr la pratico
E li tasso se vuejaran
D'à cha pau que lou jour vendra.

Alor la vilo cantara
Soun cant eternau de toustèms ;
Un cop de mai poudren lou dire :
Gramàci, madamo la vido.

RESCONTRE

Un jour que passejavo, e i'a pas forço tèms,
Rescountrère lou diable amé si pèd fourcu.
Éu mai se passejavo coume à soun abitudo,
Un cop dins li campagno, un cop dins li ciéuta.

Digo, dequé t'arribo ié demandère alor.
Me sèmbles forço urous souto ta barbo negro,
Ta vièio pèu de bòchi, tis iue que petèjon
Mai belèu, quau lou saup, qu'as empourta lou grèu.

Moun ami me diguè : me veses bèn countènt
Se se póu dire ansin, acò vai sènso dire,
Ai meme pus besoun de coumanda is ome
De faire de pecat e tout lou marridige.

Tout se fai tout soulet sènso leva lou det ;
Regardo un pau la terro e tout ço que n'an fa ;
Regardo e sentes bèn coume tout sènt marrit
Dins lou grand bourdihié qu'an basti lis uman.

Mai ço que me fai gau e que m'agrado mai,
Soun li grand bourdihié dins li tèsto dis ome,
Quéli que s'escoundon, que se podon pas vèire,
Mai que fan forço brut e tenon bèn sa plaço.

S'un jour lou rescountras, passejant dins li bos,
Belèu vous parlara e vous fara si conte
E aurés de-segur tant de causo à vous dire
Pèrqué n'en counèis forço, aquéu gusas de diable.

SALUT AU SOULÈU

Te salude soulèu, imperaire dóu cèu,
Tu qu'óublides jamai de te leva pèr iéu
Dins li matin d'estiéu o dins li fre d'ivèr
À despart quouro un nivo cuerb l'inmensita.

Fas espeli la vido e grandi lou plantun
Sènso rèn demanda i calut dóu vièi mounde
Meme se, quàuqui fes, ié vas un pau trop fort
En sagatant lis aigo e la vegetacioun.

Li saberu dison que n'as fa la mita
De ti lònguis annado e que t'amoussaras
Dins quàuqui miliar d'an coume tant d'estelan
Que filon dins l'espàci vers li grand trau tout negre.

Mai pèr li jour de vuei, pos dardaia encaro
En regardant vira ti poulìdi planeto
Que voudriés, tèms en tèms, ié dire quàuqui mot
Mai n'i'a qu'uno souleto que poudrié te respondre.

Alor, belèu, quau saup, i'a de jour que te vires
Vers tis ami soulèu qu'emplisson l'univers
Pèr charra un moumen de vòsti satelite
Coume un paire enrabia parlant de sis enfant.

Mai, pèr 'queste moumen, coume d'àutre sus terro,
Prefere proufita de ti raioun daura
En te gramaciant e te disènt encaro :
Te salude soulèu, ami de ma planeto.

SOUN VENGU

Soun vengu te cerca lis ome de la niue,
Sènso faire de brut, sènso te preveni,
Quauco part à l'entour dóu mitan de la niue
Dins aquéli moumen quouro dormon li gènt.

T'an sourti de toun lié coume de brutalas
Pèr te mena subran tout au bout eilabas
Vers lou païs tout negre d'ounte se revèn pas,
Un païs que fai pòu e que res rescountrè.

As couneigu alor tóuti li pire auvàri,
Li marrìdi tourturo e li cop de barroun,
Lis interrougatòri pendènt de lònguis ouro
Pèr te faire avoua tóuti ti gràndi fauto.

Pièi après tout acò, an sagata toun cors,
Furious de pas pousqué sagata ti pensado,
Furious de pas pousqué óuteni 'quéli noum
De ti coumpan en lucho contro lis óupressour.

Aro tis os jaison dins li verdi séuvo
O dins lis aigo fresco d'uno ribiero negro,
Dins lis erso marino au mitan di requin,
Dins un rode discrèt que res a jamai vist.

Ères enfant d'aièr de vuei vo de deman,
Dins un païs d'Africo, d'Americo latino,
D'Asìo o bèn d'Éuroupo dins un siècle lunchen.
Quau poudrié bèn lou dire après tout aquéu tèms.

UN JOUR AQUI

De touriste se passèjon
E regardon noste païs
En mandant d'uiado curiouso
Dins la Prouvènço di vacanço.

Vuei dins la ciéuta de la mar
E si mounumen religious
Questo catedralo goutico
Au clouchié que se vèi de liuen,

Deman à travès li campas
E li gràndi séuvo desèrto,
Escoutant l'eime di mountagno,
La cansouneto di grand prat.

Quau saup belèu qu'éli pènson
À n-aquéli poulit païs,
Un pau pertout dins uno vido
Ounte li mènon si vouiaje.

E belèu qu'en vesènt li gènt,
Se dison au founs de sa tèsto
Aquéli mot de filousofe
Qu'an travessa tóuti li siècle.

Li gènt soun bèn tóuti parié
Dessus la planeto dis ome
En espinchant noste bèu mounde,
Un jour aqui un autro liuen.

VIÈI POPLE LUENCHEN

Ounte sias escoundu vièi pople luenchen
Que restas eilabas à l'autre bout dóu mounde,
Dins quàuqui galassì à d'annado lumiero
Sènso jamai counèisse un moure d'èsse uman ?

Avès-ti lèu basti de ciéuta grandarasso
Amé de làrgi routo et de camin de ferre
Ounte li gènt s'envan coume de grand troupèu
Dans aquello vidasso i milo tarabast.

Counèissès-ti l'amour e si bèlli foulié
Que fan courre lis ome, que fan batre li cor,
Qua fan grandi lou mounde e coumença li guerro
Despiei qu'Adan e Èvo an fa lis ahissable.

Fasès-ti lèu parla li gràndi canounado
Que samènon la mort e qu'aduson lou dòu
Coume lou fasèn nautre vuei e despiei toujour
En charrant de la pas, lou fusiéu à la man.

Ressentès-ti pamens aquéu poulit bonur
De l'enfant qu'es nascu, éu que fai de riseto
E parlo de deman, d'un aveni plus bèu,
Éu que veira un jour milo causo nouvello.

Alor pople luenchen que restas eilabas,
Vous mande lou bonjour dis ome de la terro,
Un pau coume un ami, un ami de toujour,
Coumpan de l'univers, fraire d'uno autro terro.

VIÈI VENTARAS

Vièi ventaras que vèn boufa,
Iéu siéu bèn segur qu'as de causo
À dire is ome de la terro
Que t'entèndon despièi de tèms.

Fas forço brut mai dises rèn,
Escoundu dins lou grand cèu blu,
Dins li nivelas tout en aut
O dins lis aubre i branco verdo.

Siéu segur que siés filousofe
En vesènt courre lou bèu mounde
E li bràvi gènt de toustèms
Que desbarjon dins ti rounflado.

N'as entendu de touto meno :
Di paraulo que fan canta
Enjusco i mot que fan rena ;
Sas bèn coume acò se debano.

Di jouvènt qu'amon festeja
I vièi que roumiejon soulet,
Escouto-lei encaro un cop,
Dubres bèn ti gràndis auriho.

E iéu que te couneisse bèn,
Te dise lèu de countùnia
Ta bravo musico de vènt,
Quelo que fai canta la vido.

TAULO DI POUÈMO

À la fièro i libre	P11
À la pesco	P12
À l'oustau di pantai	P14
À passa tèms	P15
Au mes de juliet	P16
Bello mar dis iue blu	P17
Brave picho chin negre	P18
Deman la fin dóu mounde	P19
Dins la niue de l'avugle	P20
Dins lou pargue d'àcoustat	P21
Fardage	P22
La glèiso	P23
La pichoto lengo	P24
La secaresso	P25
Font e lavadou	P26
L'espetacle èi feni	P27
L'estiéu dessus la colo	P28
Li barbela	P30
Li dous cat	P31
Li jouine amé li vièi	P32
Li loup	P33
Li viaje dins li libre	P34
Li vièi bastissour	P35
Lis aucèu soun estouna	P36
Lou barrulaire	P38
Lou batèu dins la niue	P39
Lou bel age	P40
Lou cantaire di carriero	P41
Lou cat que fai de menganello	P42
Lou chin perdu	P43
Lou fedelan	P45

Lou glàri de l'oustau de la niue	P46
Lou marchande de garrouio	P47
Lou marridige	P48
Lou partage	P49
Lou pendoula	P51
Lou verin	P52
La malautié	P53
Moun tounèu de vin	P54
La terro a de tremoulis	P56
Ma pauro galino malauto	P57
Pichot enfant de l'an dous mile	P58
Pichot esclapaire	P59
Quand lou soulèu se lèvara	P60
Rescontre	P61
Salut au soulèu	P62
Soun vengu	P63
Un jour aqui	P64
Vièi pople lunchen	P65
Vièi ventaras	P66

Imprimé en France par Lulu.com
Dépôt légal : mars 2019

www.ingramcontent.com/pod-product-compliance
Lightning Source LLC
Chambersburg PA
CBHW071413040426
42444CB00009B/2222